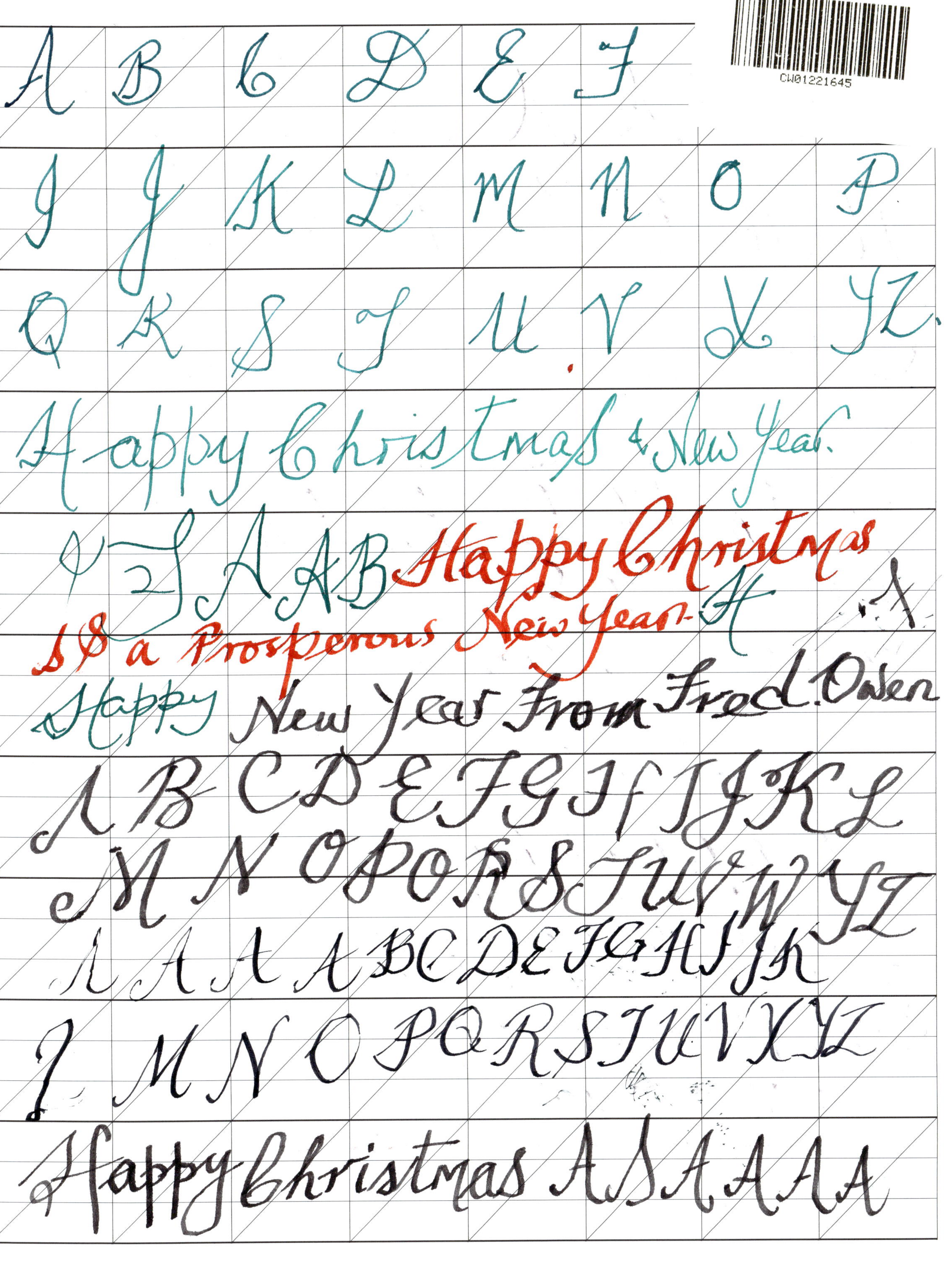
Happy Christmas & New Year.
Happy Christmas
& a Prosperous New Year
Happy New Year From Fred. Owen
Happy Christmas

A A A A A A A

H H H H H H H

C C C C C C C

a a a a a a

Ph Ph Ph Ph Ph Ph

y y y y y y y y y y y

y y y y y y y y y y y y

y y y y y y y y y y y y y y y y y y y y y y y

h h h h h h h h h h h h h h h h h

r r r r r r r r r r r r r r

i i c c c c c e c c c c c c c c c c c

e e i i i i i i i i i i i i i i i i

s s s s s s s s s s s s s s s s s s

t t t t t i i i i i i i i i i i i u

m m m m m m m a A A

s s s s s s s s s s s s s s s s s s s s s s s s s s s s s s s

A

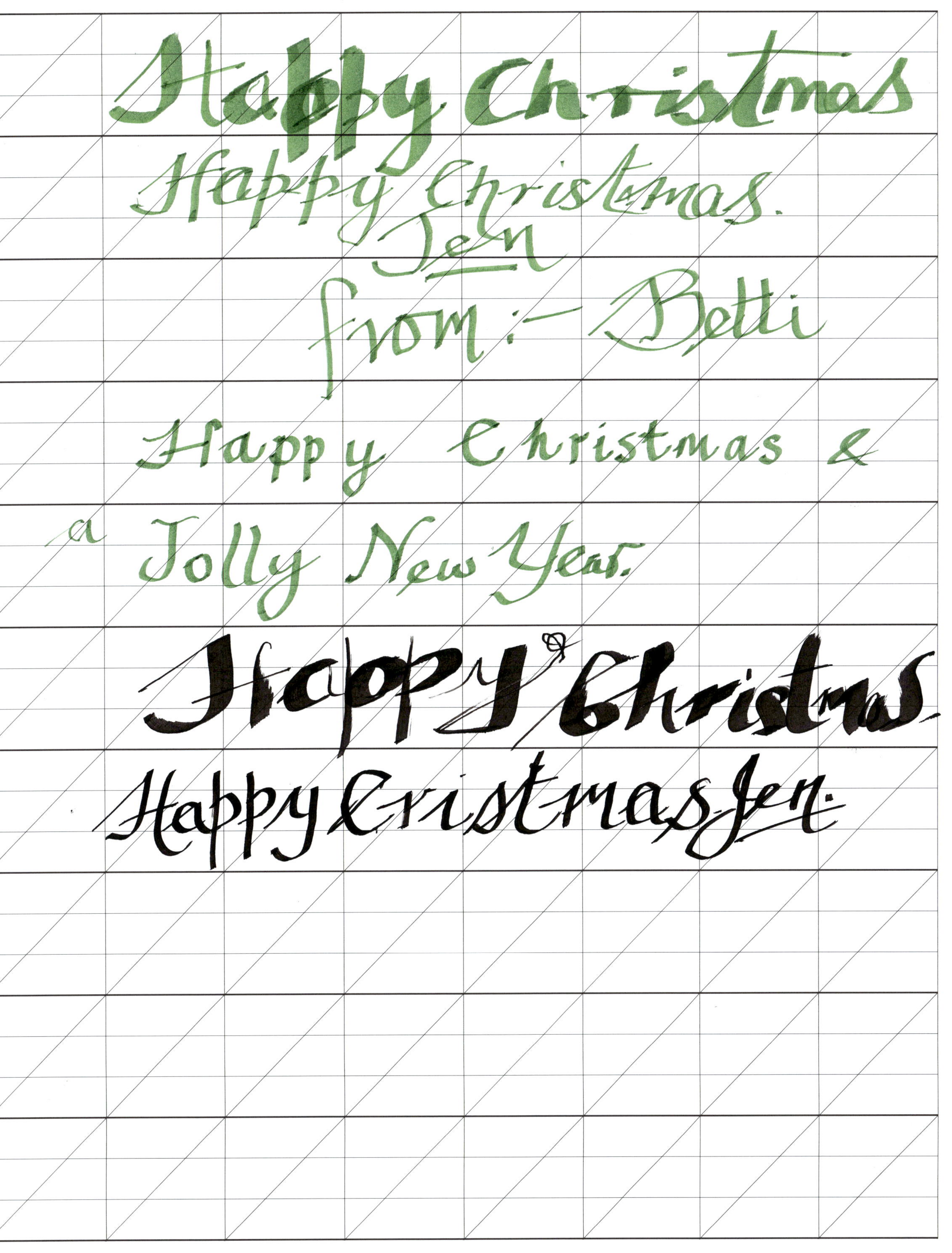

Happy Christmas
Happy Christmas.
Jen
from :- Betti
Happy Christmas &
a Jolly New Year.
Happy Christmas
Happy Cristmas Jen.

Thank you most sincerely,

Printed in Great Britain
by Amazon